Bibliografische Information der Deutschen Nationalbibliothek:

Die Deutsche Bibliothek verzeichnet diese Publikation in der Deutschen National-
bibliografie; detaillierte bibliografische Daten sind im Internet über http://dnb.d-
nb.de/ abrufbar.

Impressum:

Copyright © 2018 GRIN Verlag
Druck und Bindung: Books on Demand GmbH, Norderstedt Germany
ISBN: 9783668782198

Dieses Buch bei GRIN:

https://www.grin.com/document/437579

Isabell Scieszka

Eine Zusammenfassung zu den Grundlagen der BWL und VWL

GRIN Verlag

GRIN - Your knowledge has value

Der GRIN Verlag publiziert seit 1998 wissenschaftliche Arbeiten von Studenten, Hochschullehrern und anderen Akademikern als eBook und gedrucktes Buch. Die Verlagswebsite www.grin.com ist die ideale Plattform zur Veröffentlichung von Hausarbeiten, Abschlussarbeiten, wissenschaftlichen Aufsätzen, Dissertationen und Fachbüchern.

Besuchen Sie uns im Internet:

http://www.grin.com/

http://www.facebook.com/grincom

http://www.twitter.com/grin_com

1 Einführung in die BWL

Lernziele:
Sie verstehen die Grundlegenden Aufgaben der BWL

1.1 Betriebswirtschaftslehre Betriebswirtschaftslehre (BWL)
- BWL beschäftigt sich mit dem wirtschaftlichen Handeln im einzelnen Betrieb
- Das wirtschaftliche Handeln soll beschrieben und erklärt werden. (Bsp.: Beratung der Unternehmensführung)
- Das wirtschaftliche Handeln soll beeinflusst werden, um die betrieblichen Ziele zu erreichen. (Bsp.: Gewinnmaximierung, Zwischenziele: Kostensenkung und Umsatzsteigerung)

Wirtschaften ist der Inbegriff aller planvollen menschlichen Tätigkeiten, welche vorhandene Mittel so einsetzen, dass ein möglichst hohes Maß an Bedürfnisbefriedigung entsteht.

Zwischen der BWL und der VWL bestehen enge Interdependenzen. Jeder Betrieb ist mit der Gesamtwirtschaft verbunden. Die Unternehmen treffen ihre Entscheidungen auch unter Berücksichtigung der Unternehmensumwelt.

1.2 Der Betrieb

Lernziel: Sie können die charakteristischen Merkmale eines Betriebes erläutern

Definition Betrieb (nach Gutenberg): Eine Stätte, an der durch Kombination von Produktionsfaktoren unter Beachtung des ökonomischen Prinzips Leistung zum Zwecke der Bedürfnisbefriedigung erstellt wird.

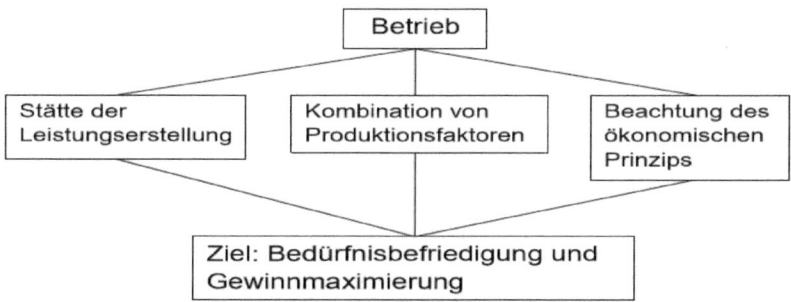

Abbildung 1: Der Betrieb

Leistungserstellung: Bsp: materielle, nominale (Geld, Aktien), immaterielle Güter
Produktionsfaktoren: Elementarfaktoren→ menschliche Arbeit, maschinelle Sachgüter, Werkstoffe ; **Dispositive Faktoren →** betriebliche Abläufe, Planung der Organisation
Ökonomische Prinzip: Minimum, Maximum, Optimum-prinzip

<u>Stätte der Leistungserstellung:</u>
- Es werden Wirtschaftsgüter erstellt.
- Güter eignen sich zur Befriedigung menschlicher Bedürfnisse.
- Manche Güter sind frei verfügbar, die meisten Güter sind jedoch relativ knapp.

Knappheit bedeutet, dass die Güter nicht ausreichen, um alle Bedürfnisse zu befriedigen.

Beachtung des ökonomischen Prinzips:
- Minimumprinzip Ein bestimmter Güterertrag soll mit einem minimalen Einsatz an Produktionsfaktoren erreicht werden (mengenmäßige Definition) oder ein bestimmter Umsatz soll mit minimalen Kosten erzielt werden (wertmäßige Definition)

- Maximumprinzip Mit einem gegebenen Einsatz an Produktionsfaktoren soll ein maximaler Güterertrag erreicht werden (mengenmäßige Definition) oder mit gegebenen Kosten soll ein maximaler Umsatz erzielt werden (wertmäßige Definition)

- Optimum Prinzip (Extremumprinzip): es soll ein möglichst günstiges Verhältnis zwischen Input und Output erwirtschaftet werden

1.3 Die betriebliche Zielsetzung
Lernziel: Sie wenden die Erkenntnisse über die betriebliche Zielsetzung an und definieren klare Ziele

Ziele sind zukünftige Zustände, die realistisch und wünschenswert sind. (→ müssen so formuliert werden, dass sie überprüfbar sind)
Aspekte der Zielsetzung:
a) Zielgrundsätze
b) Zielarten
c) Zielbeziehungen
d) Rangordnung

a) Zielgrundsätze:

Das SMART-Konzept
Spezifisch, messbar, attraktiv, realistisch, terminbezogen

b) Zielarten

- Ökonomische Ziele (Wer hat das größte Interesse dass ökon. Ziele erreicht werden?: Gewinnmaximierung, Umsatzsteigerung → Staat & Unternehmen & Eigenkapitalgeber)

- Soziale Ziele (Mitarbeiterzufriedenheit, gute Arbeitsbedingungen, gerechte und pünktliche Entlohnung, Arbeitsplatzsicherheit, Vermögenswirksameleistungen)

- Ökologische Ziele (Mülltrennung, Ressourcenschonung → Daran sind Öffentlichkeit und Gesamtgesellschaft interessiert)

- Sachziele / Idelle Ziele (Das sind die Hauptziele der Sozialwirtschaft und Ziele der BWL : Gewinnmaximierung und Rentabilität → Leistungsberechtigte und Leistungsträger)

c) Zielbeziehungen

Aufgabe:
1. Wie könnte man die unten beschriebenen 3 Zielbeziehungen grafisch darstellen?
→ Siehe Grafik in Mitschrieb
2. Überlegen Sie sich jeweils ein Beispiel aus dem sozialen Bereich zu jeder Zielbeziehung
→ Siehe Mitschrieb

3. Wie beurteilen Sie folgende Zielsetzungen:

Die Behindertenhilfe gGmbH möchte die Anzahl ihrer Beschäftigten (Menschen mit Behinderung) in der WfbM im nächsten Geschäftsjahr deutlich erhöhen. (→ unspezifisch und messbar fehlt)

Die Behindertenhilfe gGmbH möchte etwas für die Umwelt tun. Sie hat sich zum Ziel gesetzt, 3 Autos aus ihrem Fuhrpark durch umweltfreundliche Elektroautos zu ersetzen.(→ nicht terminiert)

Die Behindertenhilfe gGmbH möchte zum 01.07.2018 einen Einkaufsleiter einstellen. Dieser soll die Einkaufsprozesse so optimieren, dass dadurch ab dem 01.07.2019 Kosten in Höhe seiner Personalkosten eingespart werden können.
(→ Attraktivität evtl. höher, wenn etwas mehr erwirtschaftet wird→ gut formuliertes Ziel)

Komplementäre Ziele:
Die Erhöhung des Zielerreichungsgrades von Ziel1 führt auch zu einer Erhöhung des Zielerreichungsgrades von Ziel 2.

Konkurrierende Ziele („trade-off"):
Die Erhöhung des Zielerreichungsgrades von Ziel 1 führt zu einer Verminderung des Zielerreichungsgrades von Ziel 2.

Indifferente Ziele:
Die Erhöhung oder Minderung des Zielerreichungsgrades von Ziel 1 hat keinen Einfluss auf den Zielerreichungsgrad von Ziel 2.

2 Trägerstrukturen und Rechtsformen der Sozialen Arbeit

Lernziele:

Der eingetragene Verein
<u>Definition:</u>

Ein eingetragener Verein wird auf eine gewisse Dauer angelegt und ist ein organisatorischer Zusammenschluss von mind. 7 Personen, die ein gemeinschaftliches Ziel verfolgen

- gehört zu den privatrechtlichen Rechtsformen und hat den Status der Gemeinnützigkeit

Vereinsrecht in §§ 21-79 BGB
Eingetragener Verein in der sozialen Arbeit:

-Meist hauptamtliche Geschäftsführer mit Vertretungsmacht in allen Rechtsgeschäften

-Haben Vorstand und Mitgliederversammlung typische weitere Organe: Aufsichtsrat, Ausschuss/ Beirat, denen Aufgaben übertragen werden

Die GmbH

- „Die Gesellschaft mit beschränkter Haftung (GmbH) ist eine Rechtsform vorwiegend für kleine und mittlere Betriebe, deren Eigenkapitalgeber ihre Haftung auf die Kapitaleinlage beschränken wollen."
- keine eigene Rechtsform →fällt unter die Bestimmungen einer GmbH
- Besteht aus einem oder mehreren Gesellschaftern → Gründung erfolgt durch den Gesellschaftsvertrag

  - Muss notariell beurkundet werden
  - Name und Sitz des Unternehmens
  - Gegenstand des Unternehmens
  - Stammkapital (25.000euro)

  Vorteil:

Privatvermögen ist geschützt → Gleichzeitig Nachteil, da die Haftung beschränkt ist, kommen Unternehmen schwerer an Kredite von der Bank

  Nachteil:

-Buchführung ist teuer und aufwendig (aufgrund der doppelten Buchführung GOB)

- Gesellschafter bestimmen
- Mindestkapital notwendig
- Die Gesellschaftsversammlung trägt die Verantwortung für Grundsatzentscheidungen Bsp.: Jahresabschluss, Sonderzahlungen, etc.
- gGmbH muss sich zu einem gemeinnützigen Zweck verpflichten, GmbH nicht

Die Stiftung

Definition: Organisation, die bestimmte, durch ein Stiftungsgeschäft festgelegte Zwecke mithilfe eines Vermögens verfolgt, dass diesen Zwecken dauernd gewidmet ist.

Rechtliche Grundlage: §§ 80 – 88 BGB

Die Genossenschaft
•Zweck: gemeinschaftlicher Geschäftsbetrieb mit dem Ziel, gemeinsame wirtschaftliche, soziale und kulturelle Bedürfnisse zu befriedigen
•Besonderheit: ist zugleich ein Wirtschaftsunternehmen und eine idealtypisch demokratische Mitgliedsorganisation
•Bietet sich also an, wenn der Verein als Rechtsform wegen der starken wirtschaftlichen Aus-richtung ausscheidet, jedoch eine starke Mitgliederbasis gewünscht ist
•Die Genossenschaft ist gemeinnützigkeitsfähig
•Mindestens 3 Gründungsmitglieder
•Es können jederzeit weitere Mitglieder und neues Eigenkapital aufgenommen werden.
•Kein Mindestkapital erforderlich

- Organe: Vorstand, Aufsichtsrat und Genossenschaftsversammlung
- Haftung beschränkt auf das Genossenschaftsvermögen
- Evtl. Nachteil für kleine Genossenschaften: gewisse jährliche Rechtsformkosten
- Beispiel: GDW Süd: Genossenschaft der Werkstätten für behinderte Menschen Süd e.G.

Das Gemeinnützigkeitsrecht
- Gemeinnützigkeit ist ein rein steuerrechtlicher Tatbestand
- Wenn eine Organisation als gemeinnützig anerkannt worden ist, wird sie von den (Gewinn-)Steuern ganz oder teilweise befreit

Rechtfertigung: Die Verwirklichung des allgemeinen Wohls ist a priori Aufgabe des Staates. Wenn ein Träger freiwillig eine Teilaufgabe davon übernimmt, dann wird der von Steuern und Abgaben weitgehend befreit, da er den Staat entlastet.

Rechtliche Grundlagen:
Abgabenordnung (AO), §§ 51-68
Wer kann die Gemeinnützigkeit beantragen?
--> Körperschaften i.S. des § 1 Körperschaftssteuergesetz (KStG)
Voraussetzungen für die Anerkennung der Gemeinnützigkeit
- Gemeinnützige Zwecke (§ 52 AO):
„Eine Körperschaft verfolgt gemeinnützige Zwecke, wenn ihre Tätigkeit darauf gerichtet ist, die Allgemeinheit auf materiellem, geistigem oder sittlichem Gebiet selbstlos zu fördern."
Gefördert werden unter anderem Wissenschaft und Forschung, Bildung und Erziehung, Kunst und Kultur sowie der Sport.
Beispiel: Verein zur Förderung der regionalen Künstler, Eltern-Kind-Gruppe

- Mildtätige Zwecke (§ 53 AO) Beispiel: Altenheime, Betreuung von behinderten Menschen, Altenheime, Katastrophenhilfe

- Kirchliche Zwecke (§ 54 AO) Beispiel: Förderung einer Religionsgemeinschaft (ev. oder katholische Kirche, jüdische Gemeinde)

	Eingetragener Verein	gGmbH	Stiftung	Genossenschaft
Mindestkapital	Keins	25.000 euro	Abhängig vom Stiftungszweck i.d.R 25.000-50.000 Euro	keins
Haftung	Vereinsvermögen	Am gesellschaftsvermögen	Stiftungsvermögen	Genossenschaftsvermögen
Organe	Mitgliederversammlung, Vorstand	Gesellschafterversammlung, → bestimmen Geschäftsführer	Vorstand und Koratorium	Vorstand, Aufsichtsrat und Generalversammlung
Rechnungslegung	Einnahmeüberschussrechnung	Doppelte Buchführung (GOB)	EÜR (Einnahmeüberschussrechnung)	GOB

3 Personalwirtschaft

• Einführung in die Personalwirtschaft
Warum sollte sich jeder mit Personalwirtschaft beschäftigten?
Viele Menschen glauben, der Erfolg von Unternehmen hängt von den betriebswirtschaftlichen Kennzahlen ab:
Beispiele für betriebswirtschaftliche Kennzahlen:
- EK-Rentabilität (Gewinn/EK*100)
- EK-Quote (EK/GK*100)
- Umsatz-Rentabilität (Gewinn/Umsatz*100)
- Marktanteil

Menschen als Mittelpunkt
In den Unternehmensleitbildern werden die Menschen gerne in den Mittelpunkt gestellt. Im Kontext der sozialen Marktwirtschaft hat dies eine lange Tradition. (z.B. BASF, Telekom, Deutsche Post, BMW). Unternehmensleitbilder sind jedoch auch für die Außenwirkung gedacht.

· Gründe für den Mensch als Mittel

-Mitarbeiter sind große Kostenfaktoren
-Betrieb wird aufrechterhalten durch menschliche Arbeitskraft (elemantfaktoren)
-Mensch = Produktionsfaktoren zur Gewinnmaximierung

· Gründe für den Mensch als Mittelpunkt

-Durch Motivation, Fortbildung etc. können Menschen gehalten werden → Dadurch kann auch Geld gespart werden
-Entspricht nicht der Menschenwürde
-Durch sozialen Auftrag soll man den Menschen in den Mittelpunkt setzen

In einem zukunftsorientierten Personalmanagement ergibt sich im optimalen Fall folgende Situation:

Die Mitarbeiter steuern sich selbst in Richtung eines übergeordneten Unternehmenszieles. Dies ist die Herausforderung eines zukunftsorientierten Personalmanagements.
→ Menschen sind Subjekte und handeln nach eigenen Vorstellungen: kann Zielkonflikte ergeben (Trade off) Das Ziel wäre: ein komplementäres Ziel zu erreichen

Zentrale Ausgangssituation der Personalwirtschaft:
Die Mitarbeiter in Unternehmen verfolgen nicht nur die Ziele des Unternehmens, sondern jeweils auch individuelle, eigene Ziele. Eine der wichtigsten Aufgaben der Personalwirtschaft ist es, die individuellen Ziele der MA in Einklang mit den Unternehmenszielen zu bringen. Hierzu stehen bestimmte Anreizinstrumente zur Verfügung.

Die elementaren „Schlüsselfragen", die im Personalmanagement beantwortet werden müssen, stellen sich wie folgt:
„1. Wie gewinne ich die richtigen Leute für mein Unternehmen (Akquisition)? (Stellenausschreibungen, nicht nur nach Formalitäten beurteilen, Transparenz, Personen auf passende Stellen einstellen)

2.Wie bezahle ich Mitarbeiter leistungsadäquat (Kompensation)? (Leistungsbezogen, Schichtzulagen, für best. Arbeiten extra Geld)

3.Wie entwickle ich Mitarbeiter weiter (Qualifikation)? (Kostenübernahme)

4.Wie halte ich die guten Leute in meinem Unternehmen (Retention)? (Auf Vorstellungen eingehen → Familienfreundliche Urlaubsplanung und Arbeitszeiten, Gehalt)

5.Wie begeistere ich die guten Leute für mein Unternehmen (Motivation)?" (Betriebsausflüge,
Feste, Anerkennung, Wertschätzung, generelle Rückmeldung, 13. Monatsgehalt, Arbeitspen-
sum)

Jeder Mitarbeiter ist jedoch auch sein eigener Personalmanager. Er muss dafür sorgen,
•Dass er für seinen aktuellen Job fit bleibt
•Dass er sich für zukünftige Jobs qualifiziert

3.2 Definition und Ziele der Personalwirtschaft

„Die Personalwirtschaftslehre ist das Teilgebiet der Betriebswirtschaftslehre, das sich mit dem
arbeitenden Menschen und damit mit den personellen und sozialen Aufgaben im Unternehmen
befasst."   (Jung   2011,   4)

Die Teilgebiete der Personalwirtschaft:

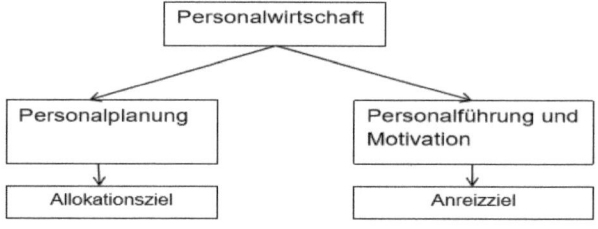

Abbildung 6: Die Teilgebiete der Personalwirtschaft

Personalplanung: Quantitativ / Du brauchst genug Mitarbeiter
Personalführung: Qualitativ / Die Mitarbeiter müssen gehalten werden

Ziele der Personalwirtschaft
•Allokationsziel:
AG-AN-Matching: Das Unternehmen muss die AN finden, welche möglichst gut zu den Anforde-
rungen passen. Diese AN müssen gesucht, gefunden, eingestellt und gebunden werden.
AN-Stellen-Matching: Die vorhandenen AN müssen solche Aufgaben/ Stellen zugewiesen be-
kommen, bei denen sie für das Unternehmen am produktivsten sind.
•Anreizziel:
Die langfristige Leistungsbereitschaft des AN soll gesichert werden.

3.3 Personalplanung

„Die Personalplanung hat die Aufgabe, die Personalkapazität an den lang-, mittel- und kurzfristigen betrieblichen Personalbedarf anzupassen." (Wöhe, Döring und Brösel 2016, 126)

Personalbedarfsplanung
„Aufgabe der Personalbedarfsplanung ist es, dafür zu sorgen, dass qualifizierte Mitarbeiter in der erforderlichen Anzahl unter Berücksichtigung ihrer individuellen Neigungen (Leistungsmotivation) zum richtigen Zeitpunkt für die gewünschte Dauer am richtigen Ort zur Verfügung stehen. Dabei sind die wirtschaftlichen, technischen und organisatorischen Gegebenheiten inner- und außerhalb des Unternehmens bei der Planung des Personalbedarfs zu berücksichtigen"

Aufgabe:
Sie haben eine neue Stelle angetreten und sind beim Aufbau einer Kindertagesstätte für die Personalbedarfsplanung zuständig. Die KITA soll jährlich ungefähr 2.000 Stunden geöffnet haben. Hinzu kommen ca. 40 Stunden jährlich je MA für Dienstbesprechungen. Es gibt keinen Betriebsurlaub. Aufgrund der Anzahl der betreuten Kinder müssen jeweils 3 Mitarbeitende parallel im Dienst sein. Ihr Arbeitgeber ist somit bereit, Ihnen 3 Vollzeitstellen (mit je 39 Stunden/Woche) für die Betreuung in dieser KITA zu bewilligen.
Sind Sie mit diesem Vorschlag einverstanden? Begründen Sie Ihre Antwort.

Personalkostenplanung

Aufgabe:
Sie leiten den Familienunterstützenden Dienst der Lebenshilfe e.V. Ihre Mitarbeiter für den ambulanten Dienst werden nach dem TVöD bezahlt. Sie sind in der Entgeltgruppe 9a, Stufe 2 eingestuft und verdienen somit 2.964,89 Euro brutto monatlich. Hinzu kommt eine Jahressonderzahlung in Höhe von 80% eines Monatsgehaltes.
Kalkulieren Sie den erforderlichen Stundensatz für eine regelmäßige ambulante Betreuung, wenn Sie mit Ihrem Dienst kostendeckend arbeiten sollen. Der Gemeinkostenzuschlag beläuft sich hierbei auf 10%.

3.4 Leistungsförderung: Personalführung und Motivation

Motivation: Herzbergs Zwei-Faktoren-Theorie
Faktoren zur Leistungsförderung:

1. Faktoren, welche zur Arbeitszufriedenheit beitragen (Motivatoren, Satisfaktoren, intrinsische Faktoren)
•Wirken direkt auf die Motivation
•Hängen direkt mit der Arbeit zusammen
•Zeigen Parallelen mit Maslows Wachstumsbedürfnissen
(Bsp.: Fortbildungen – selbst ausgesucht, Lob und Anerkennung, Aufstiegsmöglichkeiten, Prämienzahlung)

Vorteil: Arbeitsqualität steigert sich, flexibler Einsetzbar
→ Diese Faktoren sind zusätzlich und steigern Motivation und Verlässlichkeit und Qualität. Diese Motivatoren sind flexibel und individuell einsetzbar aber gleichzeitig für jeden zugänglich.

2. Faktoren, welche zur Vermeidung von Arbeitsunzufriedenheit beitragen (Hygienefaktoren, Dissatisfaktoren, extrinsische Faktoren)
•Hängen mit der Organisationsform zusammen
•Sorgen für keine Arbeitszufriedenheit, bauen aber Unzufriedenheit ab

(Bsp.: Sicherheit des Arbeitsplatzes, im Krankheitsfall nicht einspringen, Arbeitszeitteilung)

→ Die Hygienefaktoren reizen zum Verbleib im Unternehmen an, die Motivatoren reizen zur Leistungssteigerung an.

Zentrale Erkenntnis:
Jeder Mitarbeiter sollte individuell motiviert werden. Der Motivationsprozess ist unter anderem abhängig von der persönlichen Situation, von den persönlichen Erwartungen, von den persönlichen Erfahrungen, von den persönlichen Bedürfnissen der Mitarbeiter. Es stellt sich also immer die Frage, wie ein bestimmter Mitarbeiter motiviert werden kann. Kenntnisse der Motivationstheorie können helfen, die Bedürfnisse der Mitarbeiter zu erkennen und ein effektives Anreizsystem zu schaffen.

4 Organisation:

Es gibt 2 Auffassungen von Organisation
Organisation als Tätigkeit der Realisierung der Planung
Die Analyse und Zerlegung der Gesamtaufgabe des Betriebs (Aufgabenanalyse) in Teilaufgaben und dann die Kombination dieser Teilaufgaben zu Stellen (Aufgabensynthese).

Organisation als Ergebnis dieser Tätigkeit
Gesamtheit aller Regelungen in einem Betrieb, darstellbar als:
Aufbauorganisation (Gebildestrukturierung der Organisation):
Verknüpfung der organisatorischen Institutionen (Stelle, Instanz und Abteilung) zu einer organisatorischen Struktur.
-->Organigramm

Formen der Aufbauorganisation
· Ein-Linien-Organisation

· Mehr-Linien-Organisation

· Stab-Linien-Organisation

· Projekt-Organisation
(Arnold, Grunwald und Maelicke 2014, 857–63)

Ablauforganisation (Prozessstrukturierung in der Organisation):
Arbeits- und Bewegungsabläufe zwischen diesen Institutionen.
Man unterscheidet:
●Die Ordnung des Arbeitsinhalts (Was)
●Die Ordnung der Arbeitszeit (Wann)
●Die Ordnung des Arbeitsraumes (Wo)
●Arbeitszuordnung (Wer macht was)

Grundbegriffe der Organisation:
Stelle: Die kleinste Organisationseinheit ist sie der Aufgabenkomplex einer bestimmten fiktiven Person.
Arbeitsplatz: Ort der Aufgabenerfüllung
Instanz: Stelle, die mit Weisungsbefugnis und/ oder Leitungsaufgaben ausgestattet ist.
Abteilung: Zusammenfassung bestimmter Stellen und einer Instanz zu einer größeren Organisationseinheit.

Stellenbeschreibung:
- Aufgabenbild
- Anforderungsbild
- Instanzenbild

5. Rechnungswesen
• Einführung in das Rechnungswesen
<u>Rechnungswesen</u>: Zahlenmäßige Gesamterfassung von unternehmerischem Geschehen und Zuständen.
Es gibt grundsätzlich **3 unterschiedliche Formen des Rechnungswesens**:
1. Einnahme-Überschuss-Rechnung (einfache Buchhaltung)
2. Kameralistische Buchhaltung
3. Kaufmännisches Rechnungswesen (doppelte Buchführung)
In den einschlägigen Gesetzen ist geregelt, welche Form des Rechnungswesens für eine bestimmte Rechtsform, bzw. für ein bestimmtes Unternehmen erforderlich ist (Handelsrecht, Steuerrecht, Pflegebuchführungsverordnung, Vereinsrecht...)

Die Einnahme-Überschuss-Rechnung
- Vereinfachte Form der Gewinnermittlung
- Als Mindestform der Rechnungslegung vom Steuerrecht vorgeschrieben (§ 4(3) EStG)
- Häufig angewandt von Steuerpflichtigen, die nicht der kaufmännischen Buchführungspflicht unterliegen
- Betriebseinnahmen werden den Betriebsausgaben chronologisch gegenübergestellt

Vorteile:
- Einfach zu handhaben
- Gut geeignet für kleine Vereine oder Freiberufler in der Sozialwirtschaft

Nachteile: In komplexeren Betrieben zu ungenau, Anlagevermögen und Abschreibungen werden nicht berücksichtigt

5.2 Gliederung des kaufmännischen Rechnungswesens

Die klassische Einteilung:

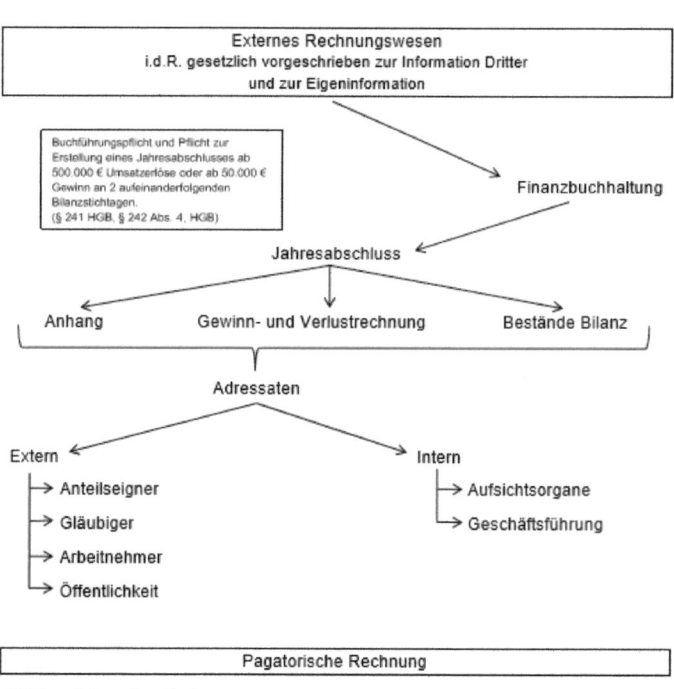

Buchführungspflicht und Pflicht zur Erstellung eines Jahresabschlusses ab 500.000 € Umsatzerlöse oder ab 50.000 € Gewinn an 2 aufeinanderfolgenden Bilanzstichtagen. (§ 241 HGB, § 242 Abs. 4, HGB)

Auf welche Fragestellungen soll das externe Rechnungswesen eine Antwort geben?
Anteilseigner („Kleinaktionäre"): Wie hoch sind aktuelle und künftige Erfolge?
Gläubiger: Wie sicher ist mein investiertes Geld in der Zukunft?
Finanzbehörden: Wie hoch sind die zu zahlenden Steuern?

Instrumente des externen Rechnungswesens:
- Finanzbuchhaltung
- Bilanz
- GuV-Rechnung

Einschlägige gesetzliche Vorschriften geben der Unternehmensleitung klare Vorgaben zur Erstellung des Jahresabschlusses.

Internes Rechnungswesen

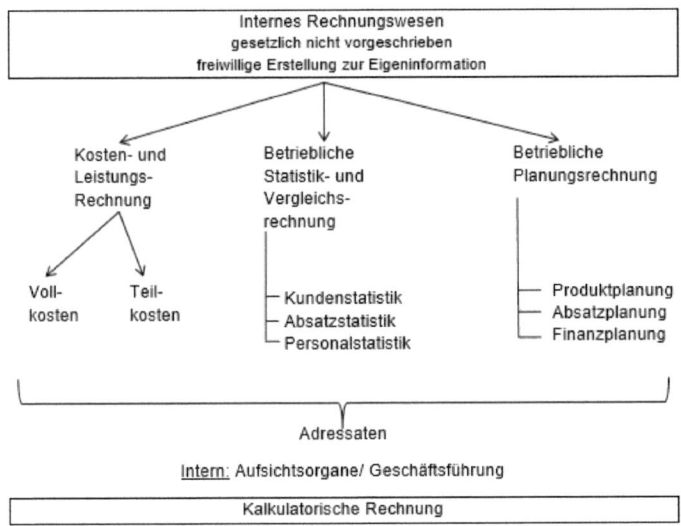

Abbildung 9: Das interne Rechnungswesen

- Freiwillig, keine gesetzlichen Vorschriften
Auf welche Fragen soll das interne Rechnungswesen eine Antwort geben?
- Entscheidungsfunktion (Produktionsentscheidungen, Absatzentscheidungen)
- Welche Güter sollen zukünftig produziert werden?
- In welcher Stückzahl sollen die Güter produziert werden?
- An welchem Standort soll produziert werden?
- Sollen bestimmte Güter selber produziert oder fremdbezogen werden?
- Zu welchen Preisen sollen die Güter auf den Markt kommen?
- Sollen neue Maschinen für die Produktion angeschafft werden?
- Kontrollfunktion

Hauptaufgaben und Funktionen des kaufmännischen Rechnungswesens:
- Kontroll-, Steuerungs- und Planungsfunktion Erfassung und Überwachung der betrieblichen Prozesse und Bereitstellung von Datenmaterial für die Unternehmensplanung.

- Dokumentationsfunktion Planmäßige, lückenlose und ordnungsmäßige Aufzeichnung aller Geschäftsvorfälle eines Unternehmens als Grundlage für die Nachprüfbarkeit der Daten.

Rechenschaftsfunktion Rechenschaft über die Verwendung des eingesetzten Kapitals.

• Ermittlungsfunktion Periodisierte Erfolgsermittlung.

5.3 Die Bilanz

Bilanz zum ... (Ende des Geschäftsjahres)

Aktiva	Passiva
A. Anlagevermögen	A. Eigenkapital
I. Immaterielle	I. Gezeichnetes Kapital
Vermögensgegenstände	II. Kapitalrücklage
II. Sachanlagen	III. Gewinnrücklagen
1. Grundstücke und Bauten	IV. Gewinn- / Verlustvortrag
2. Techn. Anlagen und Maschinen	V. Jahresüberschuss / -fehlbetrag
3. Betriebs- und	
Geschäftsausstattung	B. Rückstellungen
III. Finanzanlagen	
	C. Verbindlichkeiten
B. Umlaufvermögen	
I. Vorräte	D. Rechnungsabgrenzungsposten
1. Rohstoffe	
2. Fertigerzeugnisse	
II. Forderungen und sonstige	
Vermögensgegenstände	
III. Wertpapiere	
IV. Kassenbestand, Bankguthaben,	
Schecks	
C. Rechnungsabgrenzungsposten	
Bilanzsumme Aktiva	**Bilanzsumme Passiva**

Abbildung 10: Die Bilanz

• Da in jedem Unternehmen täglich eine Vielzahl an Geschäftsvorfällen stattfinden und gebucht werden, wird die Bilanz in einzelne T-Konten zerlegt.
• T-Konten sind Einzelabrechnungen für die jeweiligen Bilanzposten.

Ausgewählte betriebswirtschaftliche Kennzahlen:

Anlagendeckung: $\dfrac{EK}{AV}$

„goldene Bilanzregel" $\quad \dfrac{AV}{EK} \leq 1$

Eigenkapitalquote: $\dfrac{EK}{Gesamtkapital}$ (sollte $> \frac{1}{3}$ sein)

Verschuldungsgrad: $\dfrac{FK}{EK}$

1:1 Regel – erstrebenswerte Relation

2:1 Regel – gesunde Relation

3:1 Regel – noch zulässige Relation

Liquiditätsgrade: 1. Grad $= \dfrac{ZM}{kfr.VB} * 100$ (sollte annähernd 100 % sein)

2. Grad $= \dfrac{ZM+kfr.FO}{kfr.VB} * 100$ (sollte > 100% sein)

3. Grad $= \dfrac{ZM+kfr.FO+Vorräte}{kfr.VB} * 100$ (sollte >150%-200% sein)

ROI (Return on Invest): $\dfrac{Gewinn}{investiertes\ Kapital}$

Umsatzrentabilität: $\dfrac{Gewinn}{Umsatz}$

EBIT: earnings before interest and taxes

•Kosten- und Leistungsrechnung

Die Hauptaufgabe der Kosten- und Leistungsrechnung (KLR) besteht in der Planung, Steuerung und Kontrolle der betrieblichen Leistungsprozesse.
Eine der wichtigsten Aufgaben ist hierbei die Ermittlung der Selbstkosten je Stück.
Folgende Fragen müssen in der KLR beantwortet werden:
•Welche Kosten sind entstanden?
•Wo sind die Kosten entstanden?
•Wofür sind die Kosten entstanden?
Diese Fragen werden durch folgende Instrumente der KLR beantwortet.
•Kostenartenrechnung (welche Kosten sind entstanden?)

•Kostenstellenrechnung (wo sind die Kosten entstanden?)
•Kostenträgerrechnung (wofür sind die Kosten entstanden?)

Die Kostenartenrechnung
Kostenerfassung: Welche Kosten sind angefallen?
•Einzelkosten (können den Kostenträgern direkt zugeordnet werden)
•Gemeinkosten (können den Kostenträgern nicht direkt zugerechnet werden)
Die Gemeinkosten werden mit Hilfe von Kostenverteilungsschlüsseln auf die jeweiligen Kosten-
stellen und später auf die einzelnen Kostenträger weiterverrechnet.
-->Erfassungsrechnung
Die Kostenstellenrechnung
Kostenverrechnung: Wo sind die Gemeinkosten angefallen?
Weiterverrechnung der Gemeinkosten nach festgelegten Schlüsseln. Unterteilung in Vor- und
Endkostenstellen.
Es werden Zuschlagssätze der Gemeinkosten auf die jeweiligen Kostenträger berechnet. -->
Verteilungsrechnung

Die Kostenträgerrechnung
Wofür sind die Kosten angefallen? Es werden alle Kosten der Periode mit allen Leistungen der
Periode verrechnet. Das Ergebnis der Kostenartenrechnung ist das Betriebsergebnis.

6 Marketing

6.1 Einführung in das Marketing

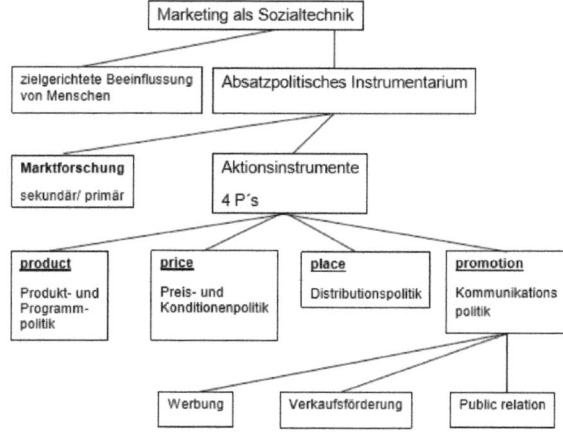

Abbildung 11: Das Marketing im Überblick

15

Das Absatzpolitische Instrumentarium
Marktforschung:
• Sekundär-Mafo („desk-research"): Auswertung von vorhandenem Material, das für andere als Marktforschungszwecke erstellt worden ist
• Primär-Mafo („field-research"): Erhebung und Auswertung von Material speziell für Marktforschungszwecke

Product (Produkt- und Programmpolitik):

Horizontale Diversifizierung:
• Ausweitung des Programmes auf ähnliche Produkte (SA: Früher Wohnen und Arbeit und Heute: Freizeitbereich; Freizeitprogramm für MmB jetzt auch für Kinder) (Müllermilchstandard auf versch. Geschmäcker erweitert)

Laterale Diversifizierung:
• Erweiterung des Programms auf völlig neue Angebote (Tchibo macht nur nicht Kaffee sondern alles ; SA: Behindertenhilfe hat sich auf Flüchtlingshilfe erweitert)

Vertikale Diversifizierung:
• Vorwärtsintegration: Integration einer bisher nachgelagerten Tätigkeit
• Rückwärtsintegration: Integration einer bisher vorgelagerten Tätigkeit
???????

Price (Preis- und Konditionenpolitik):

Einführungspreise für neue Produkte
(Das sind zwei Extreme in der Presigestaltung)

• Skimming pricing: Abschöpfungsstrategie → zuerst hoher Preis, wenn die Nachfrage sinkt dann niedriger Preis. Bsp.: Technik- Apple

• Penetration pricing: Mit niedrigen Preisen anfangen, dann teurer werden. Bsp: Handyverträge im ersten Jahr 20 euro. Im zweiten Jahr zahl ich 40 euro. Oder: Bsp. Flixbus →Zuerst sehr günstig um in den Markt zu kommen. Schleichend teurer geworden ist.

Preisuntergrenze
Aufgabe:
Eine kleine Firma stellt als Automobilzulieferer Teile für die Trip-Tronic Schaltung her. Die Firma ist derzeit nicht ausgelastet und bekommt eine Anfrage, ob sie kurzfristig 500 Teile zu einem Preis von 17,00 Euro je Stück herstellen könnte. Die variablen Stückkosten je Teil betragen 12,00 Euro. Die Fixkosten je Stück belaufen sich auf umgerechnet 7,00 Euro. Wie würden Sie entscheiden?

Fixkosten sind immer da, egal ob man produziert oder nicht (Halle, Maschinen, Löhne, Strom)

Was bekommt man an Geld rein?
500 x 17 = 8500 euro Umsatz würden wir reinkriegen (U)

Welche Kosten entstehen?
500 x 12 = 6000 euro variable Gesamtkosten (Kv)
500 x 7 = 3500 euro das sind die gesamten Fixkosten (Kf)

Theoretisch lohnt es sich nicht, aber 3500 euro immer da → daher kostengünstig, wenn man den Auftrag annimmt.

Vollkostenrechnung: langfristig alles rein rechnen + ablehnen,
1. Ablehnen, wenn man ausgelastet ist
2. Kurzfristigkeit
Teilkostenrechnung:
Nur variable Kosten, also Spielraum von 2500 euro → Minimierung von Verlusten.

Im Sozialbereich:
Im Familienunterstützenden Dienst arbeitet eine Heilerziehungspflegerin, welche die Einrichtung umgerechnet 32,30 Euro pro Stunde kostet. Die Mitarbeiterin bekommt eine Anfrage für eine ambulante Betreuung. Diese würde 8 Stunden dauern und der FuD könnte je Stunde 23,00 Euro abrechnen. Normalerweise übernimmt die Betreuung eine DHStudentin, welche heute jedoch Urlaub hat. Die hauptamtliche Mitarbeiterin hätte gerade Zeit und überlegt sich, ob sie den Einsatz übernehmen soll. Wie würden Sie entscheiden?

Gesamtkostenbetrachtung

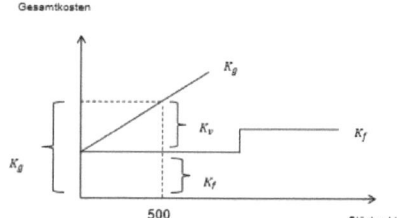

Abbildung 12: Gesamtkostenbetrachtung

Stückkostenbetrachtung

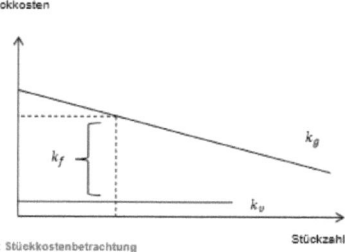

Abbildung 13: Stückkostenbetrachtung

Fixkostendegression: Abnahme der Fixkosten pro Stück bei zunehmender Ausbringungsmenge.
Preisdifferenzierungen:
•Räumlich: Bsp. Mietpreise, je nach Wohnort teurer (regional unterschiedlich)
•Persönlich: Studententarif, Rentnerermäßigung, Nachteilsausgleich, Frauen zahlen bei Friseur mehr als Männer

•Sachlich: Produkte in Standard/ Premium/Deluxeauswahl, B-Ware
•Zeitlich: Happy Hour, Feierabendtarif, Saisonpreise

Ziel: bestmögliche Abschöpfung ohne sich die Preise kaputt zu machen. Jeder soll möglichst den höchsten Preis bezahlen, den es ihm zu bezahlen wert ist.

Place
Entscheidungen: Wie kommt das Gut zum Kunde?

(Händlernetz, direkter vertrieb, Onlineshop, Lagerverkauf etc.)

Promotion:
•Werbung: Zielgruppe: potentielle und aktuelle Kunden

•Verkaufsförderung: Zielgruppe. Händler ohne persönlichen Konsuminteresse. Sie arbeiten dort mit Anreizen (bsp: Heute gibt es diese Marke besonders günstig)

•Public Relation: Betrifft alle nicht Kunden. Ist an die Öffentlichkeit gerichtet. Imagepflege (Bsp. Tag der offenen Tür, Presseartikel, Audi im gemeinnützigen)

➜ Gehen die 4 P`s auch in der SA?
➜ **product:**
  Price: 3ecks Verhältnis. Unsere Kunden sind nicht freiwillig unsere Kunden. → Auf Hilfe angewiesen. Wir verhandeln Preise und nicht A+N. ; Produktionspolitik mit den Leistungsträgern wurde vereinbart.
  Place:
  Promotion: nimmt auch bei uns an. → Öffentlichkeitsarbeit. Wir sprechen veschiedene Zielgruppen an.

  Es kommen 3 weitere in SA hinzu.

  Person:
  Physical environment: Umfeld und Ambiente, in welchem die speziale Dienstleistung erbracht wird
  Process: der Leistungserstellung (Person, die die Leistungserbringer, es kommt darauf an wie die Person arbeitet→ engagiert, motiviert etc.)

Marketing-Mix: Die 4 P´s harmonisch, zeitlich, inhaltlich aufeinander abstimmen.

Verkäufermarkt und Käufermarkt

Merkmal	Verkäufermarkt	Käufermarkt
Marktsättigung		
Verhältnis Angebot zu Nach-frage		
Engpassbereich der Unter-nehmung		
Primäre Anstrengung der Un-ternehmung		

6.2 Dienstleistungsmarketing

Charakteristika von Dienstleistungen
1. Dienstleistungen sind als immaterielle Güter nicht greifbar
- Ungewissheit ist groß. Produkt-Vergleiche für den DL-Nachfrager schwierig oder vor dem Kauf nicht möglich
- erklärungsbedürftige Güter
- Vertrauensgüter
- DL-Nachfrager sucht nach Indizien für die Qualität
- DL selbst wegen Immaterialität nicht abbildbar (in der Werbung)
- DL-Angebot wegen Immaterialität nicht durch Patente schützbar

Konsequenzen für das Marketing:
- Aufbau einer emotionalen Vertrauensbeziehung zwischen DL-Anbieter und DL-Nachfrager erforderlich
- Hoher Personalbedarf für persönliche Beratung ·
- Den DL-Nachfrager Indizien für Qualität bieten
   o   Erster Eindruck beim Betreten der Einrichtung muss gut sein
   o   Termine werden ohne Wartezeiten eingehalten
   o   MA sind korrekt gekleidet
   o   Angenehme Ausstattung des Besprechungszimmers, des Büros
   o   Zeitgemäße Geräteausstattung (Computer, Kopierer, Schreibtisch)
   o   Zertifizierung/ Qualitätsmanagement
- In der Werbung werden nur bestimmte Faktoren des DL-Potentials („Surrogate") dargestellt, mit dem Ziel, eine emotionale Beziehung zum Kunden aufzubauen
- Hoher Wettbewerbsdruck durch Nachahmer

2. Leistungserbringer und Nutzer sind in den Prozess der Dienstleistungserbringung integriert
- „Integration des externen Faktors"
- Standardisierung des DL-Prozesses nur bedingt möglich, DL sind häufig Individualleistungen

3. Die Qualität von Dienstleistungen kann stark variieren
- Hängt von der ausführenden Person ab · Schwankung im zeitlichen Kontext · DL-Qualität hängt auch entscheidend von der Integrationsfähigkeit und – bereitschaft des „Fremdfaktors" ab

Konsequenzen für das Marketing:
- Sorgsame Personalauswahl und Investition in Schulungen
- Mit Anreizen zu kundenorientiertem Verhalten motivieren

4. Uno-actu-Prinzip:
Dienstleistungen stehen nur im Moment ihrer Entstehung zur Verfügung, sie müssen genau dann genutzt werden
- DL können nicht auf Vorrat produziert werden
- DL-Erstellung erfolgt immer „live"
- DL kann nicht gelagert werden
- DL selbst ist nicht handelbar
- Reaktion auf Nachfrageschwankungen ist schwierig

Konsequenzen für das Marketing:
- Abgestufte Preise zur Steuerung der Nachfrage

- Einsatz von Teilzeitpersonal zu den Stoßzeiten

Dienstleistungsqualität
Wie kann die Qualität einer Dienstleistung bewertet werden?
Laut Kotler und Armstrong orientiert sich die Einschätzung, welche Qualität eine Dienstleistung für ihren Nutzer hat an zehn Größen:
1. Erreichbarkeit
   - Ist es leicht, den DL-Anbieter zu erreichen?
2. Vertrauen
   - Erscheint der DL-Anbieter vertrauenswürdig?
3. Wissen
   - Versteht der DL-Anbieter wirklich die Wünsche der Kunden?
4. Zuverlässigkeit
   - Kann man sich auf den DL-Anbieter verlassen?
5. Sicherheit
   - Wird die DL ohne Risiken und Gefahren für den Kunden geleistet?
6. Kompetenz
   - Sind das nötige Fachwissen und die nötigen praktischen Fähigkeiten vorhanden?
7. Kommunikation
   - Kann der Anbieter seine DL ausreichend erläutern?
8. Höflichkeit
   - Sind die MA höflich und auch in schwierigen Situationen ausreichend sensibel und geduldig?
9. Eingehen auf den Kunden
   - Erbringen die MA die DL geschickt und gewillt?
10. Umfeld · Strahlen das Erscheinungsbild der MA, das Umfeld und das eingesetzte Gerät hohe Ansprüche an Qualität aus?